EDICIONES ANTÍGONA

TEATRO

EDICIONES ANTÍGONA

© José Manuel Higes, 2025
© Introducción de Agustín Carlos Barruz, Asociación Cultural Orlando Hernández Martín, 2025
© Para todos los países en lengua española:
Ediciones Antígona, S. L.
C/ Groenlandia 6, local 2.01. 28909 (Getafe - Madrid)
Tel: 911.895.443 / 640.631.054
info@edicionesantigona.com
www.edicionesantigona.com

Primera edición, 2025

Directora de la colección: Conchita Piña
Diseño y arte de cubiertas: IJdesign
Director editorial: Isaac Juncos Cianca

ISBN: 978-84-10060-48-7
Depósito legal: M-19814-2025

Impreso en España / Printed in Spain

la noche del oraculo

José Manuel Higes

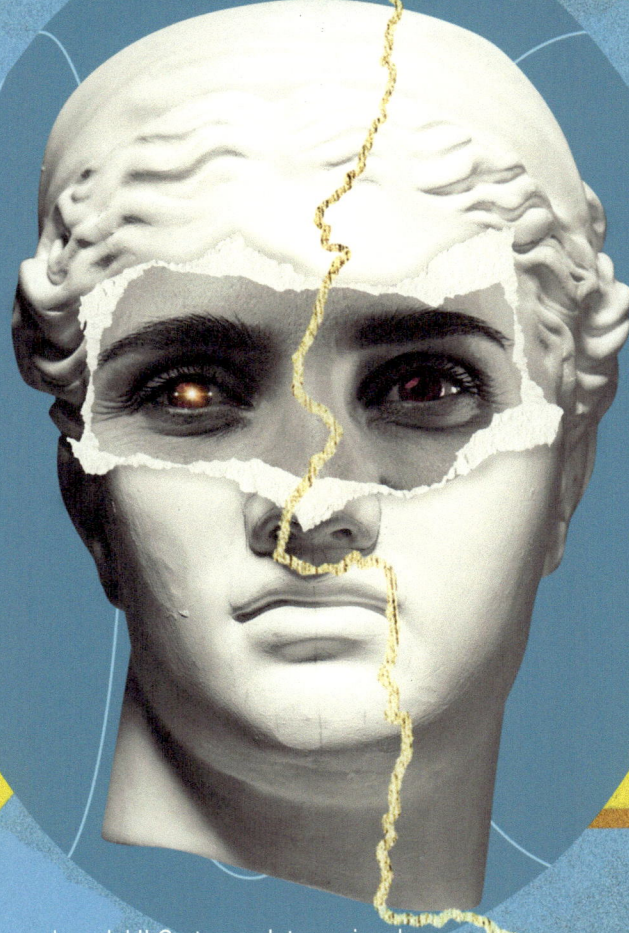

Obra ganadora del II Certamen Internacional
de Textos Teatrales Orlando Hernández Martín

ÍNDICE

Introducción

La Asociación Cultural Orlando Hernández Martín tiene entre sus fines, según estipula el cap. I, art. 2.9. de sus Estatutos Sociales, «Organizar y promocionar congresos, conferencias, exposiciones, concursos literarios, programas televisivos, radiofónicos y todo acto cultural cuyo fin sea divulgar la obra literaria de Orlando Hernández Martín y su memoria». Por ello, la Asociación, recogiendo las inquietudes de nuestro dramaturgo sobre las vicisitudes y dificultades a las que se enfrentan autores, directores, actores y actrices en el panorama escénico español, tanto para la creación, como para la representación de sus obras, crea el *Certamen Internacional de Textos Teatrales Orlando Hernández Martín* con el objetivo de promocionar la obra literaria y el legado artístico del autor agüimense Orlando Hernández Martín, así como para estimular la creación literaria en el género dramático, promover su difusión y el fomento de su lectura, aportando su apoyo cómplice a todos los componentes que configuran el arte escénico en España. El progreso de una sociedad sólo se consigue a través del espejo dramático, pues es el arte escénico el que indaga en lo más profundo del alma colectiva. A este propósito se han unido el Ayuntamiento de Agüimes, con su alcalde don Óscar

Hernández Suárez, el Cabildo de Gran Canaria, presidido por don Antonio Morales Méndez, y Ediciones Antígona, con cuya colaboración nos ha permitido crear el concurso literario y poder editar la obra que resulte premiada cada año. Esperamos que esta cooperación sea duradera, fructífera y obtenga, con la inspiración de Talía y Melpómene, el reconocimiento del público.

Agustín Carlos Barruz, Asociación Cultural
Orlando Hernández Martín

Dramatis personae

LUCÍA
Muchacha de unos dieciséis años

ORÁCULO
Muchacha de unos dieciséis años y miles de años

La habitación sin esperanza de una adolescente de unos die-
cisiete años. Entra una muchacha, llora, golpea, rompe y se
revuelca con el dolor oscuro e insensato que sólo las adoles-
centes pueden tener. Al cabo de unos instantes entra otra
muchacha, de edad similar, viste con una túnica griega, un
pecho al descubierto y sostiene la cabeza de Medusa en una
mano. Su energía es ancestral, profunda, solemne. Si se
mira de cerca, flota en el aire.

ORÁCULO
Al fin, todo será revelado, todo en su magnitud y su
tiniebla.

LUCÍA
Aaaah, ¿quién eres tú?

ORÁCULO
Soy el oráculo de los tiempos remotos.

LUCÍA
Ya, y yo la hermana menor del Ratoncito Pérez. ¡Socorro!
¡Hay una friki en mi cuarto!

ORÁCULO
No pueden oírte, cuando el oráculo visita a alguien,
todos a sus alrededor quedan atrapados en los suntuosos
palacios de Morfeo.

Lucía

Quieta ahí, friki, no te acerques, aunque hayas drogado a mi familia, que sepas que sé ju-jitsu.

Oráculo

Oh, Lucía San Segundo, tú me invocaste en el templo griego durante el viaje de fin de curso a Atenas, te acercaste a la pila ceremonial de las sumas sacerdotisas y suplicaste en himnos poéticos que se te otorgara el privilegio oscuro de conocer el destino aciago de tu insondable vida. Heme aquí, yo, oráculo salvaje de Zeus, dispuesta a servirte en ese cometido.

Lucía

¿Estás flotando? Flipo, estás flotando.

Oráculo

Para ver lo advenedizo hay que elevarse sobre la línea del horizonte. Tú me has invocado, ¿qué dudas reconcomen tu alma?

Lucía

¿Invocarte? Ah, ya, lo del templo ese, sólo lo dije en broma, como jugando.

Oráculo

La broma, el juego, la fantasía es el tono que hay que emplear para invocar al oráculo, pues qué es la vida, sino un gran juego en el que unos pierden, otros ganan y así el tiempo deviene a su fin último. Heme aquí.

Lucía

Y eso fue hace dos meses, tía, hace dos meses quería saber mogollón de cosas. Has tardado dos meses en responderme, eres peor que el ayuntamiento.

ORÁCULO

Cuando desperté en la noche, ya habías partido en una máquina voladora rumbo a Madrid, Móstoles. He tenido que cruzar mares, atravesar montañas, escapar de camioneros pervertidos que ante mi pecho desnudo pretendían la cópula, para llegar a Madrid, Móstoles, calle del Naranjo 4, tercero A. Heme aquí, pues.

LUCÍA

Entonces, ¿de verdad eres el oráculo del que nos habló el guía ese tan mono?

ORÁCULO

Heme aquí, pues.

LUCÍA

Lo flipo, ¿de verdad, puedes responderme a todas las preguntas que te haga sobre mi futuro?

ORÁCULO

Heme aquí, pues.

LUCÍA

¿De verdad podré conocer mi destino, si acabaré con Ricardo, si al final terminaré de cirujana en un hospital de Zaragoza, como mi tío, si tendré un hijo muy rollizo, si publicaré un libro de autoayuda y seré *influencer* hablando de lo difícil que es criar a un hijo gordito mientras se opera a corazón abierto?

ORÁCULO

Heme aquí, pues.

LUCÍA

¿Y podré saber cómo le va a mi hermano en Bélgica, y

cuándo perderé la virginidad, y si tendré al final un perrito pequeño llamado Juancho...?

ORÁCULO

Que me preguntes ya, por las barbas turbias de Dionisio, y dejes de dar vueltas idiotas como el tornado de Helios.

LUCÍA

Perdón.

ORÁCULO

He recorrido un largo camino, he atravesado la región oscura que llamáis Albacete, no estoy para que no vayas al grano. Heme aquí, pues.

LUCÍA

Vale, vale, perdona, no todos lo días viene a mi habitación un oráculo de hace mogollón de años... Oye, ¿y por qué tienes una teta al aire? ¿No quieres que te dé una camiseta y te la tapas?

ORÁCULO

Mi pecho izquierdo al descubierto es uno de los tres símbolos que muestran mi poder premonitorio: uno es la cabeza de Medusa, con la que paralizo a los titanes negros del destino, otro, el báculo de Atenea, con el que razono con sabiduría sobre el advenimiento próximo y, otro, mi pecho al descubierto, que es ofrenda de pureza al gran Zeus para que al ver mi virginidad me otorgue el don de la inmortalidad por mi sacrificio inmaculado.

LUCÍA

Hostia, eres virgen.

ORÁCULO

No se puede ser oráculo si hombre alguno ha roto el sello de la carne.

Lucía

E inmortal, o sea, que llevas mogollón de años sin follar.

Oráculo

Dos mil trescientos dieciséis años, siete meses y doce días, cuando en una noche de luna de sangre, la misma que hoy brilla en el cielo, el gran sacerdote de Atenas me ofreció a los dioses para mi consagración.

Lucía

¡¡Dos mil años sin follar, tía!! ¿Pero al menos te habrás tocado?

Oráculo

No, al gran Zeus no le gusta que se corrompa el cuerpo del oráculo en modo alguno.

Lucía

Corromper, corromper dice la tía… qué bueno. *(Ríe.)*

Oráculo

Heme aquí, Lucía San Segundo García, nacida hace diecisiete soles bajo el signo de libra. Si no requieres mis servicios y me has convocado en vano lo tomaré como una ofensa.

Lucía

No, para, vale, no te vayas. Sí, tengo preguntas.

Oráculo

Heme aquí, pues. Y como vuelva a decir «heme aquí, pues», juro por Zeus que invocaré al can Cerbero para que cada una de sus cabezas te coma las entrañas, porque estoy hasta los hilos de Ariadna de decir «heme aquí, pues». Por Zeus, prefiero el castigo de Sísifo a volver a decir «heme aquí, pues», ¿entiendes, Lucía San Segundo García?

Lucía

Vale, perdona, ya te pregunto, te pregunto ahora…

Oráculo

Heme aquí… Pregunta ya.

Lucía

Está bien, ¿lo mío con Ricardo se arreglará?

    Oráculo *no reacciona.*

Lucía

¿Qué pasa ahora? ¿Por qué no hablas?

Oráculo

No es así como se realiza la ceremonia de consultas. Debes quemar incienso, esparcir el humo alrededor de mi pureza, luego besar mi mejilla izquierda y arrodillarte frente al báculo de Atenea, implorar en verso, un verso que brota del corazón y luego puedes formular tus preguntas.

Lucía

Ah, vale, jo, qué lío, vale, y a ver de dónde narices saco yo incienso.
(Busca desesperada.)
Y no vale si te quemo otra cosa, perejil, mi madre es una loca del perejil.

Oráculo

El protocolo dice incienso.

Lucía

¿En serio? ¿No me estarás vacilando?

ORÁCULO
Incienso.

LUCÍA
(*Sigue buscando.*) Pues nada, que no hay incienso, y no sé de dónde narices sacar el incienso.

Pausa. Se queda mirando a LUCÍA *con dudas, masculla algo.*

LUCÍA
¿Qué dices?

ORÁCULO
En el aparador del pasillo, tercer cajón empezando por arriba, al fondo, lo compró tu tía Natividad cuando se fue a un retiro de espiritualidad y relajación después de su tercer divorcio.

LUCÍA
¿Lo sabías?

ORÁCULO
Soy el oráculo de los tiempos remotos.

LUCÍA
Digo que lo sabías y no me has dicho nada, tía, que llevo un rato buscando agobiada.

ORÁCULO
¿Vas a hacer el ritual o me marcho al Olimpo?

LUCÍA
Sí, voy, voy, no te muevas.

LUCÍA *sale. La expresión le cambia de pronto, se lleva las manos a la cara, murmura algo, parece al borde de la derrota. Cuando vuelve* Lucía, *recupera la compostura.*

Lucía

Sí, aquí está el incienso de mi tía, es que cada vez que se divorcia prueba algo nuevo, yo le he dicho que tiene que probar a no casarse. *(Prende el incienso.)* Oye, ¿te importa bajar de ahí arriba para lo del beso? Si estás flotando, no llego.

El Oráculo *desciende a regañadientes para recibir el beso de* Lucía.

Lucía

Gracias, tía, y ahora me arrodillo y tengo que…

Oráculo

Recitar un poema de súplica que brote del corazón.

Lucía

Ah sí, claro, ahí voy, a ver si me sale, estoy un poco nerviosa…
(Medio rapeando, medio recitando, con timidez, a trompicones. Un talento deslumbrante irá creciendo a medida que avanza, recita, reza.)
Toda la vida es… una ciega sombra,
algo imposible…, nadie la desvela,
esta noche de luna a ti te nombra,
oráculo de luz… rasga la tela.
De rodillas te imploro, te lo pido,
muestra en tu vientre huellas, los senderos,
dime el futuro gris… desinhibido,
avísame de males traicioneros.
Te ofrezco este poema, mis canciones
lágrimas negras, fuego y su dolor,

dame la espada, el arma, predicciones
para enfrentar la cárcel del amor.
Ah, bella diosa, nunca me abandones
y protégeme ya del opresor.

Oráculo *se queda fascinada y claramente sorprendida.*

Lucía

Me ha salido un poco del rollito de Sor Juana Inés y La Mala. ¿Está bien?

Oráculo

Eh, sí, bien, muy bien… Heme aquí, oráculo sin mácula, di, ¿cuál es tu pregunta?

Lucía

Vale, voy, ¿lo mío con Ricardo se arreglará? Porque hemos discutido, él me dice que soy una celosa loca porque creo que se lió en el viaje a Atenas con Sandra que me lo dijo José, pero él jura que no, y me ha gritado y yo no sé, y ahora quiero estar con Ricardo, y que me perdone, pero mi amigo José me dijo eso, que les vio en el Museo de Arte Griego dándose un pico y yo, yo, yo que sé.

Oráculo

No.

Lucía

¿No qué?

Oráculo

No se arreglará.

Lucía

Ya está, así, ¿me dices eso y no me das explicaciones?

ORÁCULO

Lo tuyo con Ricardo no se arreglará porque es verdad que se dio un beso en los labios con Sandra y, además del beso, él deslizó la mano debajo de la camiseta de Sandra y acarició sus senos y sus pezones en círculos concéntricos y, ahora mismo, hora y media después de discutir contigo, está con ella en su casa, en su dormitorio, con los pantalones y los calzoncillos bajados mientras…

LUCÍA

Vale, vale, te he pedido más explicaciones, no un cuento porno.

ORÁCULO

No, no se arreglará.

LUCÍA

Qué cabrón, qué cabrón y me llamaba loca, y me llamaba loca, y con Sandra que es imbécil, que el último libro que se leyó fue el de Jerónimo Stilton, joder, joder, ¿cómo es eso posible? ¿Cómo?

ORÁCULO

Ricardo prefiere el tamaño del busto de Sandra, sus nalgas prominentes, sus muslos rollizos, su descaro carnal y la voluptuosidad de sus labios, ya que considera que tu cuerpo no le satisface en el deseo de Afrodita.

LUCÍA

Oye, tía, alguna vez te han dicho que eres como un poco hija de puta, que mi novio me la está pegando, empatía, joder. (*Se derrumba.*)

El ORÁCULO *no sabe cómo reaccionar, se acerca, le acaricia la espalda levemente.*

ORÁCULO

Ánimo, Lucía San Segundo, el devenir de tu vida será largo y complejo, Ricardo Molineri es sólo el primer paso en tu aventura por los dominios de Afrodita, recorrerás aún muchas, muchas pero muchas islas ignotas en este viaje.

LUCÍA

¿Me estás llamando zorra?

ORÁCULO

El oráculo sólo dice lo que el telar del destino le muestra.

LUCÍA

¿Y con cuántos?

ORÁCULO

¿Con cuántos qué?

LUCÍA

¿Con cuántos tíos diferentes voy a estar?

ORÁCULO

Atrás titanes de las sombras, venid designios del futuro, mostrad con cuantos varones distintos Lucía San Segundo copulará. *(Pausa breve.)* Noventa y cuatro.

LUCÍA

¿Qué? ¿Me voy a liar con noventa y cuatro tíos?

ORÁCULO

Con noventa y cuatro copularás, pero relaciones íntimas de algún tipo, con ciento veintiocho.

LUCÍA

Ostras. ¿Pero no te estás equivocando? Si yo soy una romántica tía, si busco el amor verdadero.

Oráculo

Más bien escarbas en el amor, porque buscando el amor naufragas en las aguas oscuras del deseo, y se contarán por cientos los que te engañen, los que finjan amor sólo para copular, los que te mientan, te utilicen e incluso te fuercen, eso es tu destino, Lucía San Segundo, esa es la respuesta a tu pregunta.

Lucía

No me jodas, no quiero tener relaciones tóxicas.

Oráculo

Las tendrás, ninguna durará, ninguna te hará feliz, hasta que, desesperada, porque tu padre te presione para que seas madre, te casarás con Gustavo Blanco Sánchez, de Fuenlabrada, camarero de profesión y tendrás cuatro hijos, y no trabajarás y serás infeliz.

Lucía

No, yo no quiero casarme con Gustavo, ¿qué clase de nombre es Gustavo? Gustavo es un nombre de putero.

Oráculo

Lo será, todos los miércoles por la tarde frecuentará un burdel que se halla en la nacional seis, kilómetro noventa y ocho, pasada la gasolinera Repsol, y tú lo sabrás y llorarás, pero no podrás hacer nada, porque tendrás cuatro hijos y tus padres ya habrán muerto y tu hermano estará muy lejos para ayudarte.

Lucía

No, es horrible, yo quiero ser cirujana, ¿no puedo cambiar mi destino?

Pausa.

LUCÍA
Hay algo, ¿verdad? ¿Qué me ocultas?

ORÁCULO
Hay una forma.

LUCÍA
¿Cuál? Dime qué tengo que hacer para que esto no pase.

ORÁCULO
Atrás demonios oscuros del destino, que se curve el camino, la sombra de la fatalidad, mostradme la alternativa de Lucía San Segundo para que no sufra como la ramera de Babilonia, como un súcubo condenado a los infiernos, para que los hombres no la engañen, la maltraten, la lleven al laberinto de la carne y la encadenen para el sacrificio perpetuo de la bestia de la lujuria, el minotauro de la concupiscencia, mostrad cómo no será humillada y se humillará, cómo hacer que no caiga en la maldición de Medusa y sus pechos sean la ofrenda para titanes y…

LUCÍA
Oye, podrías dejar en paz mis tetas y dejar de llamarme puta y responderme qué narices hago para no acabar con Gustavo, el putero, y ser cirujana.

ORÁCULO
Nada, no puedes.

LUCÍA
Hace un momento has dicho que había una forma.

ORÁCULO
Una forma de no acabar en matrimonio, esposa de un ser

25

despreciable que se acuesta con esclavas sexuales extranjeras que podrían ser sus hijas, para eso, y sólo para eso, hay una forma.

Lucía
Pues dime.

Oráculo *lo piensa.*

Oráculo
Oh, Lucía San Segundo, si quieres esquivar la flecha del destino que hará que desangre tu tiempo, deberás renunciar a todo contacto con hombre alguno, a todo deseo carnal, y no de forma momentánea sino en la eternidad, porque si no, mañana Ricardo te llamará por la máquina esa que os permite hablar en la distancia, te pedirá perdón, confesará su traición y suplicará otra oportunidad, y aunque le rechaces, más adelante, Adrián, el tímido de la clase, te enviará una nota con un poema en la que comparará tu cuerpo con el de un atardecer en primavera, ante tal cursilería caerás rendida y entrarás en una relación cavernosa y siniestra. Debes renunciar a Adrián y considerarle aberrante, y debes ahora, jurar rechazo, ignorar a hombres hermosos, escupir en la cara de bellos atlantes, de hermosos Apolos, de hombres fuertes y con enhiestos miembros como nubios, si ahora juras no entrar jamás en contacto con carne de hombre, si juras servir a Zeus, tu destino podrá ser otro, tendrás otra alternativa.

Lucía
No entiendo, ¿dices que para ser cirujana no tengo que montármelo con nadie? Ja, habrá alguna forma de ser cirujana y echar algún quiqui, ¿no?

Oráculo
Yo no he dicho que seas cirujana, el destino alternativo

que el gran Zeus, nuestro padre, te ofrece no es el de ser
docta en las artes hipocráticas.

LUCÍA

No, ¿y cuál es? ¿Bióloga molecular? ¿Ingeniera agróno-
ma? ¿Diseñadora de robots médicos?

ORÁCULO

Oráculo.

LUCÍA

¿Qué?

ORÁCULO

Zeus también te escuchó en tu viaje a Atenas, tienes el
don único y ancestral de las sacerdotisas que atisban los
designios. Por eso Zeus, el grande, ha dispuesto que pue-
das ser su oráculo para alcanzar la vida eterna y esquivar
el destino funesto que Zeus había dispuesto para ti.

LUCÍA

O sea, que para evitar que me pasen todas las putadas
que Zeus me ha preparado tengo que ir con la teta al aire
y un báculo horrible y la cabeza de una muchacha maldi-
ta para servirle de esclava por la eternidad. ¿Alguna vez
le han dicho a Zeus que es un poco cabrón?

ORÁCULO

Muchas veces, ya que Zeus secuestró y violó a Europa y
violó a Leda y violó a Hera y violó a…

LUCÍA

Vamos, que en vez de con Gustavo, el putero, voy a estar
con Zeus, el putero, sólo que sin follarme a tíos.

ORÁCULO

Y sin corromper nada pues a Zeus no le gusta que sus oráculos se mancillen.

LUCÍA

Hay que joderse.

ORÁCULO

A cambio podrás hablar con generaciones de hombres y mujeres, sobre todo mujeres plañideras, les advertirás de su destino oscuro, les gritarás sobre los peligros de la guerra, sobre la noche que se cierne sobre sus rostros, serás profeta, hechicera y musa, te adorarán en secreto en pedestales de mármol, serás un símbolo, un faro para los barcos que naufragan en el Leteo de la vida, una marca en el horizonte donde ir cuando uno se pierde en el telar horrible de Zeus y su Olimpo desbocado. Y aunque no te escuchen, aunque te ignoren y siempre acaben cometiendo faltas, tú siempre estarás ahí, serás pura, te llamarán Casandra, pero en tu inmaculado destino brillarás por siempre. Eso es lo que Zeus ha dispuesto para ti. ¿Qué dices ante el ofrecimiento de semejante don?

LUCÍA

Mis cojones.

ORÁCULO

¿Cómo?

LUCÍA

O mis ovarios, mis putos ovarios, ¿entiendes?

ORÁCULO

No, el oráculo milenario no entiende.

LUCÍA

Vale, tú me tienes que responder a todo lo que te pregunte, ¿no?

ORÁCULO

A todo lo que me preguntes y de lo que sepa la respuesta.

LUCÍA

¿Eres feliz?

ORÁCULO

Eso no es una pregunta sobre tu destino. ¿No me preguntas por el primer hombre que romperá tu sello carnal, ni cómo un profesor universitario te chantajeará y tendrás que abandonar medicina, ni por la forma en que te arruinará tu séptimo novio robándote el dinero de la herencia? Pregúntame por eso, no por mi vida.

LUCÍA

Sí, sí, muy bonito, pero tú me has dicho que podías responderme a cualquier pregunta de la que supieras la respuesta, y tú sabes si eres o no eres feliz, así que responde, tetitas al aire.

Pausa, pausa larga.

ORÁCULO

No.

LUCÍA

¿Disfrutas siendo oráculo de Zeus, el sádico?

ORÁCULO

No.

LUCÍA

Ahí lo tienes.

ORÁCULO

No entiendo, Lucía San Segundo, enervación de la carne. ¿Qué es lo que dices que tengo?

LUCÍA

Ahí tienes mi respuesta, o soy infeliz con el putero de Gustavo, cuatro hijos y mi vida profesional arruinada, o soy infeliz con el putero de Zeus, yendo de aquí para allá, hablando como si fuera imbécil y mi vida profesional arruinada, ¿lo entiendes, tetitas al aire?

> ORÁCULO *no responde. Hace ademán de decir algo, pero no dice nada, vuelve a intentarlo, pero sigue en silencio, suspira abatida.*

LUCÍA

¿Tú qué piensas?

ORÁCULO

Lo que yo piense es irrelevante, Lucía San Segundo, yo soy la estrella consagrada que guía a los marineros en las sombras, el símbolo inmaculado que rasga los velos del destino, el sueño que profetiza…

LUCÍA

Ya, ya, ¿pero tú qué piensas? Me has dicho que me ibas a responder a todo lo que supieras la respuesta, sabrás la respuesta de lo que piensas, ¿no?

ORÁCULO

Sí, bueno no, no sé.

Lucía

¿Cómo? ¿El oráculo sagrado de Zeus no sabe lo que piensa?

Oráculo

Es que es una pregunta muy difícil.

Lucía

¿Difícil? Dime qué piensas, qué opinas, qué harías tú en mi lugar. Has vivido miles de años, tendrás una idea al respecto sobre qué vida es menos infierno.

Oráculo

Es que nunca nadie me ha hecho esa pregunta.

Lucía

¿Eres capaz de ver el futuro y todo ese rollo de los caminos del destino, o las posibilidades de la vida, y no puedes darme tu opinión de amiga?

Oráculo

Zeus siempre dice que no opine, que los oráculos no opinan, que son sólo el eco de su voz magnánima y, como tal, no pueden tener idiosincrasia, ni ideas, sólo repetir de forma solemne lo que dicta y ordena el destino.

Lucía

Alguna vez han dicho que el Zeus ese es un cabrón.

Oráculo

Muchas veces, pues violó a Europa, pues violó a Leda, pues violó a Hera…

Lucía

Ya, ya, ya…, pues muy bien, pero tú no te vas de aquí, tía, hasta que me digas lo que piensas, porque no puedes

31

irte hasta que no me respondas a todas las preguntas de las que sepas la respuesta, que lo sé, así que agita el palito ese y la cabeza con serpientes, qué vaya asco que da, y dime qué piensas tú, tú en lo más profundo, tía.

Pausa.

ORÁCULO

No hay escapatoria, Lucía San Segundo, en verdad te digo que sólo veo dos caminos en tu vida, o bien llevas una vida de alimaña, arrastrándote por pisos de alquiler, con hombres que te soban y te escupen, en un deambular de tornado que acabará en llanto, miseria y sufrimiento, o bien aceptas que ningún hombre, ni tú misma, pueda mancillar tu cuerpo, te consagras así a Zeus y vives miles de años observando el futuro y comunicándoselo a los hombres cuando lo requieran. Cualquier solución es un desastre y yo, yo, yo pienso que es injusto, que no debería ser así, que no te deseo estar miles de años a la diestra de Zeus, contemplando cómo fornica, seduce, engaña, cómo fornican, seducen, engañan los hombres, cómo miles de millones de seres humanos se devoran y ante tus palabras guardan silencio, Lucía San Segundo, yo, yo... yo... mi corazón está guardado en una caja, se guardó en una caja oscura y lo vigilan los espectros de la soledad, mis noches están huecas y tienen la forma de una grieta donde sólo entran los insectos, Lucía San Segundo, te compadezco, te lloro y me gustaría darte una solución, me gustaría darle una solución a miles de millones, pero lo único que puedo decir es que lo siento, Lucía, siento tu destino negro y elijas lo que elijas serás infeliz, como yo lo he sido siempre.

Pausa larga.

LUCÍA
Gracias, tía.

ORÁCULO
No hace falta que agradezcas nada, el oráculo está para responder a todas las preguntas que se le planteen y de las que conozca la respuesta.

LUCÍA
Ya, ya, ¿te apetece tomar algo?

ORÁCULO
¿Cómo dices?

LUCÍA
Es muy tarde y de noche, pero tengo un hambre de la leche. A mí las malas noticias siempre me dan hambre o me ponen cachonda o las dos cosas. Creo que tengo por aquí unos gusanitos. *(Los encuentra y le ofrece.)* ¿Quieres?

ORÁCULO
Yo…

LUCÍA
Venga, es una pregunta y sabes la respuesta, ¿quieres o no quieres gusanitos?

ORÁCULO
Sí, llevo sin comer miles de años.

LUCÍA
¿No has comido nada en miles de años?

ORÁCULO
El oráculo se alimenta de conocimiento.

LUCÍA

Pues prueba, vas a flipar.

ORÁCULO *come gusanitos, al principio con timidez, luego con ganas, finalmente con una gula desatada.*

LUCÍA

(Riendo.) ¡Qué mona eres comiendo gusanitos!

ORÁCULO

Estos manjares seguro compiten con el néctar de los dioses, las esencias del jardín de las Hespérides.

LUCÍA

Estaban buenos, ¿eh? Pues si pruebas la paella de mi abuela lo flipas.

ORÁCULO

Tu abuela, morirá dentro de unos años cuando un fallo circulatorio provoque una subida…

LUCÍA

Vale, tía, que no quiero saber eso, no hace falta que me digas esas cosas.

ORÁCULO

Perdón, oye…, ¿y no tienes más gusanitos?

LUCÍA

Mira la tía, te han gustado, ¿no? Tengo algo mejor.

Rebusca, saca un porro.

LUCÍA

(Empieza a encenderlo.) Brujería casera, me lo ha pasado

mi amigo José, un par de caladitas y tu vida te parecerá maravillosa, aunque sea una mierda.

ORÁCULO
¿Qué es eso? ¿Un alimento hecho a base de humo?

LUCÍA
Serás el oráculo, pero de algunas cosas no tienes ni idea, algunas cosas hay que enseñarte pero bien. *(Da una calada al porro, se lo ofrece.)* Anda prueba.

ORÁCULO
No sé si debo.

LUCÍA
Lo único que te ha prohibido Zeus es que hombre alguno te toque, no ha dicho nada de los porretes, anda, dale un poco.

ORÁCULO
Vale, pero sólo un poco, para comprender mejor las esencias del ser humano.

Fuma, tose.

LUCÍA
Despacio, tetitas al aire, despacio, como si fuera una... Anda, no, que tú nunca, y bueno yo tampoco, pero me lo imagino, como si fuera una zanahoria grande que quieres comerte.

ORÁCULO *fuma despacio.*

ORÁCULO
¿Así?

Lucía

Sí, así. Pero no mucho que si no te da mareo. Anda pasa, no seas golosa.

Se pasan el porro y fuman un par de caladas en silencio.

Lucía

¿Y cómo te llamas?

Oráculo

Soy el oráculo del templo sagrado de…

Lucía

Sí, sí, pero antes de eso, antes de que fueras la perrita de Zeus, ¿cómo te llamabas? Porque tendrías un nombre, ¿no?

Oráculo

Me llamaban Helena.

Lucía

¿Helena? ¿En serio, Helena? *(Ríe.)*

Oráculo

Siento que mi nombre te haga gracia.

Lucía

No, si es que me encanta, me parece un nombre maravilloso, hermoso, una mezcla de sabiduría y lujuria, es el nombre más mono que conozco.

Oráculo

(Riendo.) Venga ya, no te burles del oráculo de las islas remotas, el que otea el fino velo de lo que va acontecer.

Lucía

Mucho oráculo y mucho oráculo, pero te llamas Helena,

comes gusanitos como una cerda y te has fumado un porro. *(Ríe.)*

ORÁCULO

Pero sigo atisbando el destino… vaya, todo gira como si me llevase Hermes.

LUCÍA

Es un efecto del porro, claro con el estómago vacío durante mil años te ibas a marear seguro. Anda, siéntate en el suelo, que se te pase.

LUCÍA *la sienta en el suelo, y la mira enternecida.*

ORÁCULO

Gracias, gracias… Oye, ¿te han dicho que tienes un suelo muy divertido? Parece el caparazón de una tortuga.

LUCÍA

Ya, ya…

ORÁCULO

Y tu pelo huele muy bien, como si fuera un bosque remoto de las remotas islas atlantes.

Pausa, momento íntimo, se aleja nerviosa.

LUCÍA

Ya.

ORÁCULO

Oye, ¿por qué te pones así? ¿No te gusta que hable de tu pelo? Porque tienes el pelo más hermoso que el de Afrodita, pero que no se entere que enseguida se pone hecha una furia. Pobre Afrodita siempre suspirando para que el mal nacido de Zeus la monte, y a Zeus le encanta hacerla sufrir y le dice que no, que hay una humana más guapa que ella. La pobre está deprimidísima, y el cabrón de Zeus la ignora y copula con cualquiera. *(Ríe.)* No debería reírme, pero me hace gracia.

LUCÍA

Genial, el Zeus ese es igualito que el padre de mi amiga Susana con su mujer.

ORÁCULO

(Riendo.) ¿Quién? Ah, Susana López Mesas, padre Juan Carlos López de la Cueva, morirá de un fallo cardíaco dentro de dos años, mientras discute con una empleada a la que le quiso meter mano y ella le amenazará con denunciarle y él, a cruzar el Leteo sin monedas en los párpados por lascivo cabrón.

LUCÍA

Pues qué bien. Oye, ¿me vas a decir cómo se muere todo el mundo? Porque no es nada agradable.

ORÁCULO

Perdona, Lucía San Segundo, hembra de destino aciago, aún doncella sin mancillar, criatura a la que ha requerido Zeus para ser su esclava eterna, siento si te he ofendido, nunca he querido ofenderte, por eso te ruego que me disculpes y que tu ira indómita no se desate. ¿Estás enfadada?

LUCÍA

No, no es eso. No estoy enfadada.

LUCÍA *se mueve de un sitio para otro, nerviosa, como en una jaula.*

ORÁCULO
¿Entonces?

LUCÍA
¿Te importaría cubrirte el pecho?

ORÁCULO
¿Qué? ¿Por qué? ¿Te da miedo mi pecho desnudo?, es solo un pecho, no un titán de cronos. *(Ríe.)*

LUCÍA
No, no es eso, antes te he dicho que los problemas gordos me daban hambre o me ponían cachonda, pues digamos que ya no tengo hambre.

ORÁCULO
No te entiendo... ¿Qué? ¿Conmigo? ¿Cómo?

LUCÍA
Es que tienes, no sé, algo, hablas tan bien, tan dulce, tan mona, nunca nadie me ha hablado así.

ORÁCULO
Pero si estás enamorada de Ricardo, también llamado *elpelogomina*.

LUCÍA
Sí, sí, claro, pero contigo aquí creo que he descubierto algo.

ORÁCULO
Vaya lío, vaya lío, que se nos ha vuelto de las tierras de Lesbos, mira tú, eso no lo he visto venir. *(Ríe.)*

LUCÍA
Será mejor que te tapes porque si no, lo que no verás venir será otra cosa…, bueno, si a ti te apetece.

ORÁCULO

Lucía San Segundo, criatura hermosa, fruta joven, llevo toda mi vida sin probar los placeres de la carne, me apetece siempre, hasta en un cementerio.

LUCÍA

¡Qué bonito, mira! Hacerlo conmigo sería como hacerlo con una muerta, es lo más bonito que me han dicho nunca.

ORÁCULO

No, no te enfades, tú también me pareces... mona, y también me encanta tu nombre, Lucía, como de dar luz, porque debes de dar mucha luz para saber la suficiente poesía para invocar al oráculo, sólo los poetas auténticos pueden y, heme aquí, me has despertado… eres luz, eres inteligente, brillante diría yo y… bueno como tú dices, también eres muy hermosa y además...

LUCÍA *se acerca, la besa, un beso pequeño al principio que se transforma en uno apasionado.*

LUCÍA
¿Qué tienes que decir a eso?

ORÁCULO

Que eso tampoco lo he visto venir. Pensarás, vaya porquería de oráculo estoy hecha.

LUCÍA *vuelve a besarla, se magrean un poco con ansias adolescentes.*

ORÁCULO
Para, para, no podemos seguir, está prohibido.

LUCÍA

Que se joda lo prohibido, ya estoy harta de tantas reglas, esta noche te como las tetas y tú lo disfrutas.

ORÁCULO

No, no digas eso, Zeus seguro que no lo aprueba, para, por favor, para, Zeus me quiere virgen, pura, sin mancillar, no puedo traicionarle.

LUCÍA

¿No? ¿Y qué pasaría si le traicionas, Helena? Si rompes el sello de la carne y todas esas chorradas, vamos, si te corres a lo bestia.

ORÁCULO

Zeus me castigará, nos castigará a las dos, y no quieras que Zeus nos castigue, porque tiene una mala uva… A Sísifo le hizo subir piedras eternamente, a Fineo le devoran las entrañas las harpías, a la pobre Medusa, pues ya lo ves, la gente dice que fue Afrodita, pero quien lo hizo fue Zeus, porque Medusa le rechazó y le llamó Malakas.

LUCÍA

¿El qué?

ORÁCULO

Pajillero pichacorta en griego antiguo.

LUCÍA

¡Olé, Medusa!

ORÁCULO

Es que es verdad, mucho dios del rayo, señor del Olimpo, pero se dice que de las millones de mujeres con las que ha estado ninguna disfrutó, que se pone encima y racaracaracá,

ni te enteras, mejor sería que te picara un mosquito. Por eso
tiene esos prontos, yo creo que está acomplejado.

Lucía

(*Riendo.*) Menudo imbécil.

Oráculo

Idiota es, pero un idiota con la furia de un asesino de titanes, por eso no podemos hacer nada, se enfadaría seguro.

Lucía

Pues vale. O sea, que en mi última noche como humana
no puedo ni divertirme, ni despedirme con gusto antes
de empezar una eternidad de castidad y todo ese rollo.

Oráculo

Entonces, ¿vas a aceptar el camino ignoto del oráculo?

Lucía

Había pensado eso. Me parece mejor que estar de aquí
para allá siendo sobada. En ningún caso controlo mi destino, pero de oráculo al menos veré el destino de los
demás y no sé, lo veo como menos humillante.

Oráculo

Entonces, ¿estás completamente segura de querer entre-
gar tu alma pura, tu conocimiento poético, tu cuerpo virgen a Zeus, el señor del Olimpo?

Lucía

Hombre, tanto como segura, es lo que estaba pensando y
eso. ¿Hasta qué hora tengo para decidirme?

Oráculo

Hasta al amanecer, cuando la luna de sangre acabe y el
primer rayo de sol hiera con su luz las tinieblas.

LucíA

Para que amanezca no falta mucho. Oye, si al final me hago oráculo, ¿cómo se hace el ritual, tengo que enseñar las tetas, o bailar algo absurdo, o recitar un poema?

Oráculo

Tienes que beber de este frasco de veneno, es cicuta.

LucíA

Ostras, qué radical, ¿y tú también lo hiciste así?

Oráculo

Sí. Es como a Zeus le gusta.

LucíA

¿Y duele mucho?

Oráculo

Sólo al principio, luego duele, pero no el cuerpo, sino el tiempo y el destino.

LucíA

Pues qué bien.

Oráculo

¿Estás decidida ya?

LucíA

No, aún no, creo que necesito otro porro, me has dejado casi sin él, con tus ansias, que eres una ansias.

Oráculo

Perdona, era la primera vez en toda mi vida en que me divertía de verdad, ni siquiera con sátiros y ninfas me alegré tanto.

LUCÍA

¿En serio? ¿Y cuando eras humana? ¿Cómo era tu vida de humana?

ORÁCULO

Está tan difusa en la arena de los siglos que apenas la recuerdo, recuerdo que mi padre me pegaba y mi madre me decía que no llorase mucho, que no molestase a mis hermanos. Me gustaba adentrarme en el bosque y observar los insectos, sobre todo los escarabajos. Me gustaba contemplar el sendero que creaban en el barro, pero en mi ciudad todos se burlaban de mí, me decían la hueleexcrementos. Yo quería ser poeta y componer baladas de grandes héroes y heroínas. Pero mi padre me dio un bofetón, mi madre me dijo: «Helena, eres una ilusa tonta, las mujeres carecen del don del verso». Y cuando crecí, y me desarrollé, me llevaron al templo del oráculo porque veían que ningún macho se interesaría por una mujer rara e idiota que acariciaba escarabajos. El sacerdote pagó a mis padres y luego me ofreció a Zeus. Zeus, al que supongo tampoco le atraía lo más mínimo, vio talento en mí para algo y me nombró oráculo y ya está. Lo que más añoro es ir al bosque a contemplar escarabajos.

Pausa.

LUCÍA

¿Sabes que a mí también me encantan los coleópteros?

ORÁCULO

¿Los qué?

LUCÍA

Los coleópteros son los escarabajos, y las mariquitas, y los ciervos volantes, son los insectos con caparazón, pero que vuelan y se esfuerzan y son beneficiosos o hermosos para todo el mundo. Me vuelven loca los escarabajos.

ORÁCULO

Si te oyera mi padre en Atenas, te azotaría con una vara de enebro.

LUCÍA

Sí, a tu padre le encantaba pisotearlo todo, y seguro que aplastaba a los más hermosos escarabajos, esos del caparazón púrpura, pero yo no, yo me quedaría con el escarabajo y le acariciaría y le besaría y le diría que no es un bicho raro, que es hermoso tal y como es.

ORÁCULO

Sí que se ha apoderado en ti la obsesión por los escarabajos.

LUCÍA

Eres idiota. *(Se aparta.)*

ORÁCULO

Y ahora te enojas, ¿por qué te enojas?

LUCÍA

Mucho oráculo, mucho oráculo, pero no ves tres en un burro.

ORÁCULO

Oye, que yo lo veo todo, veo cualquier destino, de cualquier posibilidad conozco el resultado, pregunta lo que quieras y te diré la conclusión futura. ¿Quieres saber qué pasará si renuncias a ser oráculo y te entregas a los hombres? Te lo he dicho: aunque pienses ahora que puedes cambiar tu destino, no podrás, mañana al alba olvidarás todo esto, mis palabras, mis consejos serán como un sueño borroso, un río que de pronto se seca y, al continuar tu vida, acabarás sucumbiendo. ¿Quieres saber qué pasará si reniegas de todo y te humillas ante Zeus? También te lo he dicho: el caos y la pesadilla serán convocados por Zeus, servirás a sus retorcidas empresas y llorarás en silencio junto a las tristes ninfas del agua.

LUCÍA

Pues muy bien, pues genial, maravilloso, ya me lo has dicho, Helena, ya me has dicho lo lista que eres.

ORÁCULO

Oye, no te pongas así y no me llames Helena, soy el oráculo.

LUCÍA

Te llamo como quiero, Helena, Helena, porque como oráculo sólo me has traído desgracias, joder.

ORÁCULO

Es tu destino, sellado en el fuego sagrado del gran Zeus.

LUCÍA

¡Que te calles ya, Helena, el escarabajo que no se entera de nada!

ORÁCULO

¿Quieres que me vaya? ¿Desconvocas mi presencia? Si me voy, asumo que renuncias a ser oráculo.

LUCÍA

Haz lo que quieras. Te vas, te quedas, todo es igual.

ORÁCULO

Está bien, me marcho, Lucía San Segundo, y tengo que decirte que has sido la mortal más encantadora que he conocido y que, a tu lado, en este breve tiempo, he sentido algo parecido a la felicidad, toques dulces de embriagadora fragancia. Eres hermosa, Lucía San Segundo, y deslumbrante, y no cambies nunca, Lucía San Segundo, adiós, adiós para siempre.

LUCÍA
No, quédate.

ORÁCULO
¿Cómo?

LUCÍA
No te vayas, no me hagas caso, ha sido la tensión, hace nada estaba planteándome si quedarme con Ricardo y ahora tengo cicuta en mi dormitorio y una hermosa muchacha me ha mostrado cosas que jamás pensé yo… Quédate, quédate hasta que amanezca, luego ya veremos.

ORÁCULO
Entonces, ¿me quedo?

LUCÍA
Por favor.

ORÁCULO
Lucía San Segundo, eres un poco complicada.

LUCÍA
Me lo dicen mucho, que soy complicadísima, como una ecuación de segundo grado.

ORÁCULO
¿Una qué? Ah, matemáticas, como las que estudió el sabio Pitágoras.

Lucía

Sí, eso.

Oráculo

En eso tienes razón, me recuerdas a los teoremas pitagóricos y a los cálculos de los sabios.

Lucía

Lo siento.

Oráculo

A mí me encantaban los cálculos pitagóricos, era muy buena con las matemáticas, era la mejor de mi ciudad y me gustaba resolver problemas, cuando descubrió eso mi padre me llevó al templo, ningún hombre se interesaría por una mujer capaz de calcular el área de una elipse. Pero a mí siempre me ha enamorado lo complicado.

Lucía

Pues qué bien… oye, ¿y no hay forma de renunciar a ser oráculo, de romper el contrato?

Oráculo

A Zeus no se le abandona sin sufrir su ira.

Lucía

A lo mejor se puede denunciar a la policía, eso que hace suena a maltrato psicológico.

Oráculo

Lucía San Segundo, ¿en serio me dices que denuncie al señor del Olimpo, el portador del rayo, el maestro de la metamorfosis a la policía? ¿Y cómo le detienen? ¿Con las armas esas vuestras que explotan? Zeus puede arrasar un país o enviar a su hijo rabioso Marte para que lo invada.

LUCÍA

No es justo, joder, no es justo, es todo una mierda. Eras una cría cuando te llevaron a ese templo, no te lo mereces, no te lo mereces.

ORÁCULO

Tranquila, Lucía San Segundo, no está tan mal como parece. Además, de vez en cuando, conozco a alguien genial cuando muestro mis profecías.

LUCÍA

Ah, sí, ¿a quién has conocido?

ORÁCULO

Ahora pienso que tú eres la imbécil, Lucía San Segundo.

LUCÍA

Yo, ¿¿qué??… Oye, no te burles de mí, tetitas al aire, que no estoy para que te burles.

ORÁCULO

No es burla, he conocido, en su juventud, a los grandes poetas, artistas, científicos o políticos. Muchos me han invocado y a todos les he mostrado el destino trágico, pues es mi sino. A Abraham Lincoln le hablé de su asesinato, a Kafka de los horrores que cercaban a la humanidad, a Lorca, de adolescente, le previne del terror abisal que le aguardaba al final del camino. Todos eran mentes brillantes, todos genios de una naturaleza superior, capaces de domar el verbo, el arte, la ciencia ignota, ¿sabes cuántos conocen mi verdadero nombre? ¿Cuántos saben que mi padre me pegaba con una rama de enebro o que me gustan los escarabajos? Sólo una persona sabe mi nombre, y esa persona me parece la maravilla de las maravillas.

Lucía

No me digas eso, no vuelvas a decirme eso, te lo prohíbo.

Oráculo

¿Por qué no?

Lucía

Porque estoy chorreando, chorreandito.

Oráculo

Lucía San Segundo eres, sin duda, en tus respuestas, impredecible, y que un oráculo no sepa lo que va a pasar es algo que a un oráculo enloquece.

Lucía

Vamos que tú también estás chorreando.

Oráculo

Como los mares de Poseidón.

Lucía

Pues hagámoslo, suframos el castigo de Zeus.

Oráculo

No es posible, Lucía San Segundo, no tientes al oráculo que todo lo ve.

Lucía

No es verdad.

Oráculo

¿Qué no es verdad?

Lucía

¿Qué pasará si lo hacemos, oh oráculo, si te desnudo por

completo y… me abalanzo sobre tus aguas y… navego y naufragamos juntas en la delicia y la noche?

ORÁCULO
Algo siniestro.

LUCÍA
Pero qué, exactamente, ¿qué será de nosotras?

Pausa.

LUCÍA
No lo sabes, ¿eh? Una pregunta para que el oráculo no sabe la respuesta.

ORÁCULO
Espera, déjame invocar, Moiras del destino, vientos del futuro, atrás confusión y tinieblas, mostradme el destino que nos aguarda si Lucía San Segundo conoce el secreto de mi cuerpo sin mácula.

Pausa. ORÁCULO *se desespera.*

LUCÍA
¿Lo ves? Nada, no puedes saberlo.

ORÁCULO
Todo es niebla y confusión. El destino no sabe.

LUCÍA
Porque el destino no se lo esperaba.

ORÁCULO
¿El qué?

LUCÍA

El destino es como Zeus. No tiene imaginación: o ser sometida por los hombres o ser sometida por Zeus, el destino no se esperaba que fuera una mujer la que me sometiera.

ORÁCULO

A lo mejor he hecho algo mal, puede que no haya agitado con vehemencia la vara de Atenea.

LUCÍA

Te voy a explicar lo que vas a hacer con la vara de Atenea esa. *(Se empieza a desnudar.)*

ORÁCULO

¿Qué haces?

LUCÍA

Solidarizarme contigo, tetitas al aire. *(Se acerca, la besa, la acaricia.)*

ORÁCULO

¿Qué haces?

LUCÍA

Ahora estoy quebrando la pureza del oráculo.

ORÁCULO

La ira de Zeus será terrible.

LUCÍA

¡Que le den a ese Malakas!

ORÁCULO

Para, detente.

LUCÍA
Va siendo hora de domar al destino.

ORÁCULO
No sigas, por favor, no mancilles al oráculo, vendrá la desgracia.

LUCÍA
No has sido capaz de saber que pasaría esto, no sabes qué ocurrirá.

ORÁCULO
El oráculo tiene que ser puro, tal es la sentencia de Zeus.

LUCÍA
Helena, eres Helena, qué bello nombre es Helena.

ORÁCULO
Oh, Atenea, muéstrale el camino a tu sierva, dame la sabiduría de la que ahora carezco.

LUCÍA *embiste. La vara cae al suelo.*

LUCÍA
Helena, el coleóptero más hermoso que he visto nunca.

ORÁCULO
Ay, cómo puede ser esto un ciclón, un baño caliente en las aguas remotas de las Hespérides.

LUCÍA
Te gusta, ¿eh?

ORÁCULO
Lucía, vamos a sufrir, vamos a sufrir mucho, has arrebatado

a Zeus el último de sus oráculos, él pensaba que al alba iba a comandar a dos profetas y ahora estás, oh, oh, estás, oh, quitándole el juguete a un niño poderoso, todo ira y desprecio. ¡Ah!

LUCÍA

Por ti, merecerá la pena su castigo, Helena, oh, Helena, dulce escarabajo…

La luz se oscurece, se vuelve tenue, se besan, se acarician como solo pueden hacerlo dos adolescentes que huyen de los lobos. Acaban en una danza, moviéndose en un baile de luna y muérdago. La noche avanza en sus cuerpos y el placer es un murciélago que revolotea en los minutos. Terminan de pie, silenciosas, mirando al vacío.

LUCÍA

¿Qué? ¿Cómo ha sido tu primea vez, Helena?

ORÁCULO *no responde, está eclipsada.*

LUCÍA

(Riendo.) Sí, yo también me quedé así la primera vez que me toqué, fue como si hubiera caído en un abismo y al final del abismo las nubes me hubieran detenido.

ORÁCULO *no responde.*

LUCÍA

Y tú también has estado de maravilla, para ser tu primera vez has sido, has sido… como una sirena de esas.

ORÁCULO

Las sirenas se comen a los marineros y huelen a pescado.

LUCÍA

Pues como una… una…

ORÁCULO

Una musa, las musas son unas lujuriosas, les encantan los placeres de la carne, así inspiran a los mortales, tendrías que ver cómo se lo monta Talía, musa de la comedia.

LUCÍA

Pues como Talía, has sido como Talía, a lo mejor podemos invitarla para la próxima vez.

ORÁCULO

¿La próxima vez?

LUCÍA

La próxima vez.

ORÁCULO

Zeus se acerca, puedo oler su cuerpo a macho sudoroso.

LUCÍA

¿De verdad?

ORÁCULO

Oh, pero qué te he hecho, Lucía San Segundo. ¿Cómo he podido hacerte esto?

LUCÍA

Te recuerdo, dulce escarabajo, que he sido yo la que me he lanzado hacia ti como una loba hambrienta.

ORÁCULO

No, no, esto es un desastre, nos esperan siglos de sufrimiento. Y eras mi responsabilidad, yo sí he visto a Zeus arrojar al abismo a una humana que le rechazó, invocar a bestias ignotas para castigar a tres hermanas que se rieron de su pelo, le he visto encerrar en una caja muy diminuta a cien brujas que creyeron que podían desafiarle. Yo lo he visto, y aun así te he arrastrado al desastre, a ti, Lucía San Segundo, mi única amiga.

LUCÍA
Lo que hemos hecho ha sido algo más que ser amigas.

ORÁCULO
Tómate esto en serio, Lucía, te castigará a ti de forma terrible y ver tu castigo de pánico y tinieblas, será mi castigo.

LUCÍA
Prefiero eso, a ser un pelele de Ricardo o de Zeus o de cualquier hijoputa.

ORÁCULO
Silencio, su esencia se ha colado por las grietas de los muros, siento cómo Zeus se arrastra y nos acecha.

LUCÍA
Hablas de él como si fuera una cucaracha.

ORÁCULO
Huye, Lucía San Segundo, yo me enfrentaré a su ira, vete lejos, refúgiate en templos sagrados, pero no le desafíes.

LUCÍA
No.

ORÁCULO
Corre, por favor, hazlo por mí, porque ya está cerca la bestia, el animal. Es un enjambre de fauces y zarpazos,

Lucía San Segundo, es legión de oscuridad y músculo. Vete.

Lucía
No.

Oráculo
Lucía San Segundo, por favor.

Lucía
No. Quiero mirarle a la cara, quiero hablar con él.

Oráculo
Ya está aquí, Lucía, me está rozando su vello de macho salvaje, me está…

Pausa. Se cubre los pechos. La posición de su cuerpo cambia, ya no es una muchacha quebradiza, ahora es un ejército de asesinos hambriento de sangre.

Oráculo (Zeus)
¿Quién ha osado burlarse de mi esencia? ¿Quién ha quebrado la ley que yo impuse en tiempos remotos? ¿Quién anhela el caos y la carencia de forma?

Lucía
¿Eres Zeus?

Oráculo (Zeus)
¿Has sido tú, vulgar mortal, mujer sin desarrollo, la que osa desafiar a los grandes dioses de la noche de los tiempos?

Lucía no responde.

Oráculo (Zeus)
Mírame y respóndeme: ¿Por qué? ¿Por qué quieres la tortura

eterna, el castigo cíclico, la oscuridad perpetua? ¿Por qué has quebrado el dictamen sagrado de un dios? Yo prohibí la concupiscencia a mi Oráculo, le prohibí que conociera los misterios del jadeo y la embestida.

Lucía *no responde. Pausa.*

ORÁCULO (ZEUS)
Responde.

Lucía *no responde.*

ORÁCULO (ZEUS)
Que respondas o sentirás mi ira de noche y horror, cientos de harpías comerán tus riñones, subirás al monte grandes piedras mientras te azotan sátiros de tiniebla. Hablas con Zeus, el poderoso.

Lucía *no responde.*

ORÁCULO (ZEUS)
Si tú no respondes, tal vez responda el oráculo que has mancillado, tal vez este cuerpo que has manchado con tus ansias de ciudadana de Lesbos pueda responderme mientras sufre el tormento ante los que tú te muestras impasible. ¿Te gusta eso más, vulgar hembra?

Lucía
¡No!

ORÁCULO (ZEUS)
Yo soy Zeus, a mí se me obedece y respeta o mi ira es ciclón, jauría de mandíbulas, sangre y ponzoña.

Lucía
Déjala en paz.

ORÁCULO (ZEUS)

Ella sabía las consecuencias, conocía los millones de rostros de vello y tinieblas que porta mi espíritu. Debo partirla como parte las ramas a su paso el lobo que avanza en la espesura.

LUCÍA

¡No es justo!

ORÁCULO (ZEUS)

¿Osas cuestionar mi criterio, sucia alimaña?

LUCÍA

No es justo, ni mi historia, ni la de Helena, no son justas.

ORÁCULO (ZEUS)

Vuestro destino estaba marcado por mis designios, yo os ofrecí un camino sagrado, una posibilidad de redención en mi servidumbre, vuestra moneda fue la traición.

LUCÍA

¿Por qué lo haces?

ORÁCULO (ZEUS)

Yo soy Zeus, el rayo me pertenece, tú y este cuerpo al que llamas Helena sois sólo insectos ante mí, mosquitos inútiles.

LUCÍA

Insectos sí, mosquitos no, somos coleópteros.

ORÁCULO (ZEUS)

¿Te burlas del señor de las mil formas?

LUCÍA

Somos coleópteros, escarabajos con alas ocultas, como la

mariquita o el ciervo volante o los que arrastran inmensas bolas de excremento y limpian los caminos. Eso somos, Helena y yo.

ORÁCULO (ZEUS)
(*Riendo.*) Eres divertida, vil... coleóptero.

LUCÍA
¿Por qué lo haces? Eres poderoso.

ORÁCULO (ZEUS)
Tú misma has dado la respuesta. Todas las criaturas harían lo que yo si gobernaran el rayo, si portaran el trono del olimpo bajo su cuerpo formidable.

LUCÍA
No, no todas.

ORÁCULO (ZEUS)
Mira a Ricardo, ese al que adoras, comportándose como un dios diminuto en su pequeño mundo, o mira al profesor de anatomía que te acechará dentro de un lustro, o al hombre lascivo y siniestro con el que te casarás. ¿Cómo crees que se comportarían si portaran el rayo, si conocieran el lenguaje antiguo de la violencia y la espada?

LUCÍA
No es justo.

ORÁCULO (ZEUS)
Sólo eres una niña rebelde, alguien ignorante, alguien con el don de la palabra, pero sin el don secreto de los grandes reyes, los grandes imperios que arrasan civilizaciones y parten la tierra con sus pisotones de batallas. Ríndete, escarabajo, acepta tu destino, prepárate tú y tu perra para el castigo de miles de centurias.

LUCÍA

No, te lo suplico, déjala a ella. Haré lo que digas, haré lo que me digas, pero ella ya ha sufrido bastante.

Pausa. Silencio.

ORÁCULO (ZEUS)

Está bien, en mi magnanimidad estoy dispuesto a perdonaros y administrar un mínimo castigo, uno que puede que os guste, os convertiré en escarabajos a las dos, seréis insectos durante el fluir de milenios, sólo os desconvocaré de vuestras formas miserables cuando necesite vuestro cántico para vislumbrar el destino sin forma. Es un trato justo. ¿Qué dices? Las dos escarabajos a mi servicio por la eternidad, es un pequeñísimo castigo para todo lo que mi ira demanda.

Pausa. Se queda pensativa.

LUCÍA

¿Y si no? ¿Y si me niego? ¿Y si te abandono y te escupo en el rostro?

ORÁCULO (ZEUS)

Caerá la noche sobre vuestros cuerpos, salamandras y víboras os devorarán lentamente, mientras vuelven a crecer, entre dolor y para mi regocijo, vuestras extremidades amputadas, no tendréis paz, sólo dolor y grito. Tú y este cuerpo que ahora porto, no seréis más que eso, criaturas hechas para sufrir y descomponerse mientras los hombres ríen y los siglos pasan.

Pausa. Silencio. Sigue pensativa. De pronto algo ilumina su rostro, un pensamiento revolotea sobre sus ojos. Sonríe, se incorpora, deja de estar arrodillada.

Lucía

No.

Oráculo (Zeus)

¿Cuestionas mi poder?

Lucía

Cuestiono tus necesidades.

Oráculo (Zeus)

¿No me ves capaz? ¿No crees que pueda torturarte durante el discurrir de los tiempos?

Lucía

Sí, puedes, pero no lo harás.

Oráculo (Zeus)

Me desafías aún más. ¡Qué ignorante eres, pequeño escarabajo!

Lucía

Si lo haces, no habrá vuelta atrás.

Oráculo (Zeus)

¿A qué te refieres, miseria humana?

Lucía

Recuerdo una peli que vi hace años, era para mayores de dieciocho, pero la vi a escondidas. Salía un señor muy mayor que iba en silla de ruedas y que trataba muy mal a todo el mundo, en especial a un muchacho negro que empujaba la silla, un buen día, después de que el hombre mayor se enfadara mucho y le pegara con el bastón hasta partirle los dientes, el muchacho negro se negó a seguir empujando la silla: «Muévela tú», le decía, «No tengo que ayudar al perro que me muerde», le decía. ¿Entiendes? No soy tonta, sé contar. Durante milenios sólo has tenido un oráculo y conmigo serían dos. No debe de ser algo fácil de conseguir, ¿eh? Seguro que es algo valioso. Y además, he leído a Ovidio, tú nunca perdonas, tienes un pronto peor que el del profe de Mates, a ti te miran mal y ya estas sacando a las harpías, trayendo a los titanes y convirtiéndolo todo en algo asqueroso, pero me has ofrecido tu perdón, ja, ahí la has pifiado, ahí me he dado cuenta de todo.

ORÁCULO (ZEUS)
Perra del averno.

LUCÍA
Estás en una silla de ruedas, por mucho rayo y mucha metamorfosis, tú no sabes descifrar las mareas del destino, necesitas a una mujer para ello, alguien con talento poético, con un don especial, alguien único como Helena o como… yo. Y por eso te digo, no voy a ayudar al perro que me muerde la mano.

ORÁCULO (ZEUS)
¿Osas desafiarme, osas burlarte y amenazar al gran dios Zeus? Encontraré otros oráculos que me sirvan y que se postren ante mi magnanimidad.

LUCÍA
Adelante, a mí has tardado en encontrarme más de dos mil años.

ORÁCULO (ZEUS)
Ah, criatura ridícula…

LUCÍA
(Burlándose.) Ah, criatura ridícula…

ORÁCULO (ZEUS)

Conocerás por qué Zeus es todo furia y tornado, tormenta y depredación, macho salvaje y portador de armas ancestrales.

LUCÍA

(Sigue la burla y parodiándole.) Uy, tornado, uy, tormenta, memememmé… me recuerdas a los madrileños que aparecen en una novela que he leído, que si te voy a matar, te voy a sacar los ojos, voy a hacer que serpientes te coman el hígado, venga, *(Se desnuda.)* aquí me tienes, oh, gran Zeus, como dice la canción, devórame otra vez.

Pausa larga.

ORÁCULO (ZEUS)
¿Qué quieres?

LUCÍA
Lo sabes muy bien.

ORÁCULO (ZEUS)

No, no puede ser, necesito al menos a una de vosotras, una tiene que permanecer sin mancha de hombre alguno a mi servicio por los tiempos, el don de la profecía me es necesario, si no… desataré mi furia.

LUCÍA
Entonces ya sabes a quién escoger.

ORÁCULO (ZEUS)

Está bien, Lucía San Segundo, eres hábil hablando con Zeus, en tiempos de los griegos habrían esculpido tu silueta en las estrellas.

LUCÍA

No quiero mi silueta en las estrellas, quiero que ella esté bien, nada de humillaciones y de vidas y maltrato.

ORÁCULO (ZEUS)

No puedo garantizarlo, como bien has dicho, Zeus no conoce el destino.

LUCÍA

Pero puede velar por ello, sé lo que hiciste por tu hijo Perseo, cuando te interesa bien que puedes interferir y modificar las cosas. Vamos, como cualquier político español.

ORÁCULO (ZEUS)

Está bien, si la protejo, ¿me servirás?

LUCÍA

Digamos que trabajaré para ti, tendremos aún que negociar ciertos detalles de mi contrato, pero podremos llegar a un entendimiento.

ORÁCULO (ZEUS)

¿Osas dirigirte a Zeus como si fuera un vil mercader?

LUCÍA

Es que eres eso, un vil mercader, un mercader rico que compra y vende a su antojo. Si quieres un oráculo, tendrás que aceptarlo así. Lo mismo que me hiciste a mí, oh, Zeus, sólo hay dos caminos posibles, sólo esta encrucijada, y yo soy la llave, o te quedas sin oráculos o aceptas mis condiciones, yo gobierno tu destino.

ORÁCULO (ZEUS)

Ya hablas como un oráculo.

LUCÍA

Porque ya sé qué decisión vas a tomar, oh, gran Zeus.

ORÁCULO (ZEUS)

Ahí tienes la cicuta, puedes ingerir el brebaje para cruzar a mis dominios.

LUCÍA

No, nada de cicuta o de porquerías, eres Zeus, piensa otra forma.

Pausa.

ORÁCULO (ZEUS)

Está bien. Yo, maestro de la transfiguración hablo y grito, ahora ella portará tu cuerpo y tú portarás el suyo, así habla Zeus y lo sella con su voz que derrotó a las huestes del caos. Ahora prepárate, está amaneciendo, cuando el sol brille vendrás conmigo.

LUCÍA

Sí, sí, ya sé, ahora vete, deja que me despida de ella.

ORÁCULO (ZEUS)

Cuando la primera luz ilumine este cuerpo, serás arrebatada al Olimpo. Tienes hasta entonces. Ahora besa mis labios para que las esencias se intercambien.

Se besan débilmente. Luego los cuerpos cambian y se besan con pasión.

LUCÍA (ORÁCULO)

Eh, ¿qué hago en este cuerpo, Lucía? ¿Qué ha sucedido? ¿Estás tú dentro del mío?

ORÁCULO (LUCÍA)
Sí, mi dulce escarabajo.

LUCÍA (ORÁCULO)
¿Es este el castigo de Zeus, cambiarnos los cuerpos? Extraño castigo que no es doloroso sino gracioso y hasta divertido.

ORÁCULO (LUCÍA)
Sí, divertido.

LUCÍA (ORÁCULO)
¿Y qué pasará ahora? Espera no, no, no es posible, no sólo nos han cambiado el cuerpo, ¿verdad? Lucía San Segundo, ¿por qué? No sabes el horror que te ha aguarda, no, Zeus, deshaz el hechizo, tómame las entrañas, convierte mis cabellos en áspides. Zeus, Zeus...

ORÁCULO (LUCÍA)
Está amaneciendo.

LUCÍA (ORÁCULO)
No.

ORÁCULO (LUCÍA)
Estarás bien, me encargaré de ello y de que te corras bien a gusto, escarabajito.

LUCÍA (ORÁCULO)
No, Lucía, ¿cómo puede un perro disfrutar de la comida si su amo no está a su lado?

ORÁCULO (LUCÍA)
Venga, escarabajito, has sufrido mucho, te toca disfrutar un poco.

LUCÍA (ORÁCULO)

¿Cómo puede un amante disfrutar de la comida sabiendo que su amor está en un precipicio?

ORÁCULO (LUCÍA)

Oye, ¿sabes que eres un poco repetitiva con las metáforas? ¿Te enseñó Homero?

LUCÍA (ORÁCULO)

Lucía, Lucía, por favor, Lucía.

ORÁCULO (LUCÍA)

No me llames Lucía, Lucía eres tú. Y Helena, también, tú eres las dos, yo soy sólo, ahora... tetitas al aire.

LUCÍA (ORÁCULO)

¿Cómo sabrás manejar las mareas del destino? ¿Quién te enseñará?

ORÁCULO (LUCÍA)

No te preocupes por eso, seguro que Atenea me echa un cable, se la ve buena tía.

LUCÍA (ORÁCULO)

Lucía, Lucía, el dolor será absoluto, Zeus no tendrá piedad.

ORÁCULO (LUCÍA)

Ya le he domesticado, al menos durante varios milenios. Y si rompo este frasco de cicuta, puede que tenga más tiempo. *(Rompe el frasco.)* Van a cambiar mucho las cosas.

LUCÍA (ORÁCULO)

No conocerás hombre.

ORÁCULO (LUCÍA)

Pero sí mujer, sospecho que la única regla para ser oráculo

es no estar con hombres. Si no, después de lo que hemos hecho tú y yo, no podría ser oráculo. Así que visitaré a Talía a que me cuente sus comedias.

Lucía (Oráculo)
Lucía, mi amor, eres mi amor, mi amor, ¿se puede querer a alguien una noche de fulgor y penumbras?

Oráculo (Lucía)
Venga, escarabajito, sólo ha sido un rollete, sólo un aquí te pillo aquí te mato, dices eso porque no te has liado con más, pero... Atrás mareas del destino, que se desvele el velo de lo que está por venir, con la cabeza de Medusa petrifico la niebla de lo incoherente, con el bastón de Atenea descifro los signos de las profecía, tú Lucía-Helena vivirás una vida plena y excitante, conocerás a hembras dulces, serás actriz y cantante, y tu voz hechizará multitudes, tendrás amigos y familia a la que amarás y te amará, y durante esa vida sólo me recordarás con nostalgia, como en sueños, como el amor de una noche de luna de sangre, y morirás feliz, libre y rodeada de aquellos que te aman, tanto placer y arte habrá sido tu vida, que no morirás y se te honrará por décadas. Así lo pronostica el oráculo, el oráculo ha hablado.

Lucía (Oráculo)
¡Lucía!

Oráculo (Lucía)
Lucía eres tú, amor.

Lucía (Oráculo)
Lucía.

ORÁCULO (LUCÍA)
Mi destino está con Zeus, tengo que ponerle correas a ese Malakas.

LUCÍA (ORÁCULO)
¿No puedo hacer nada para que cambies de idea?

ORÁCULO (LUCÍA)
Puedes hacer algo por mí, algo importante.

LUCÍA (ORÁCULO)
¿Qué? Lo que sea.

ORÁCULO (LUCÍA)
Mañana cuando veas a Ricardo en el recreo, ¿puedes darle una patada en los huevos?

LUCÍA (ORÁCULO)
Lucía, deja que vaya contigo, no quiero esa vida dulce que has pronosticado.

ORÁCULO (LUCÍA)
Está amaneciendo, pronto me desvaneceré.

LUCÍA (ORÁCULO)
Este no era tu destino.

ORÁCULO (LUCÍA)
Esta es mi responsabilidad.

LUCÍA (ORÁCULO)
No puedes cargar tú con el destino de los hombres.

ORÁCULO (LUCÍA)
Ya lo hago, lo hiciste, todas las oráculos siempre lo

hemos hecho, y esta noche he envejecido diez mil años al darme cuenta.

Lucía (Oráculo)
El sol ya brota en el horizonte, amor.

Oráculo (Lucía)
No te preocupes, escarabajito, todo va a salir bien, ya te lo he dicho, yo seré nostalgia, algo que recordarás cuando suspires, brevemente, como en fogonazos, porque cuando yo me desvanezca olvidarás quién has sido y sólo recordarás mi vida, bueno, mi vida con tu esencia.

Lucía (Oráculo)
¿No hay vuelta atrás? ¿No puedo hacer más?

Oráculo (Lucía)
(Canturreando.) No hay vuelta atrás, no puedo hacer más... Pareces una canción del verano.

Lucía (Oráculo)
¿Una qué?

Oráculo (Lucía)
Pronto vendrá a tu mente esa información.

Lucía (Oráculo)
No, si ya lo sé, sé lo qué es la canción del verano, y los gusanitos, y los porros y cómo funciona un móvil.

Oráculo (Lucía)
Desde luego, que eso sea la primera información que aprendas.

Lucía (Oráculo)
¿Y quién eres tú? ¿Y qué haces en mi cuarto?

ORÁCULO (LUCÍA)
Y que esa sea la primera información que olvides.

LUCÍA (ORÁCULO)
¿Te conozco? ¿Eres un ángel? ¿Una bruja hermosa?

ORÁCULO (LUCÍA)
(Se acerca, la besa con dulzura.) Adiós.

> *La luz ilumina la habitación, el embrujo se desvanece. Se queda hechizada un instante. Abre los ojos, agarra el móvil.*

LUCÍA (ORÁCULO)
(Grabándose.) Que lo sepa todo el mundo, este es el principio de mi nueva vida, he decidido que quiero ser actriz y cantante y que me gustan, me encantan las chicas, y vivir la vida a tope y mañana, mañana le pienso dar una patada en los huevos al *hijoputa* de Ricardo, ah y tendré un nombre artístico, me llamaré Helena y mi primera canción se llamará, se llamará… *La noche del oráculo.*

Telón.

Fin.